AF296303

FÊTE DE L'OPÉRA

CONCERT TSIGANE

ORCHESTRE

Balazs Kalman, Rigo Marton,
Dely Gyula, Csicseri Ferencz, Pozsar Janos, Goda Ordan,
Zsiga Janos, Kallay Mihal, Budy Sandor,
Directeur de la troupe : Berkes Kalman.

MARCHES : Rakoczy; Hunyady; Szabady; Kossuth.

Voros folso (*La Dame de cœur*), polka	Fahrbach.
Pont ar I betün (*Le Point sur l'I*), polka	J. Strauss.
Kukuk (*Le Coucou*), polka	Fahrbach.
Gyors vonat (*Train express*), galop	Toppert.
A szèp kék Duna (*Le beau Danube bleu*), valse	J. Strauss.
A szèp tavasz (*Le Joli printemps*), valse	J. Strauss.
Hol énekelnek (*Chanteur des bois*), valse	Fahrbach.
Bor dal ès feleség (*Aimer, boire, chanter*), valse	J. Strauss.
Boregèr (*Chauve-souris*), valse	J. Strauss.
Eszmeny Képek (*Emblèmes*), valse	Fahrbach.

CHANTS HONGROIS de Nemeth Lajos : **Elemer dal** (*Chant d'Elemer*); **Sarga Csiko** (*Le Poulain jaune*); **A dallok toloncrbol** (*Le Chant de l'exilé*); **Csak egy kis leany van a vilagon** (*Il n'y a qu'une fille sur la terre*); **Plewna alatt** (*Sous Plewna*).

CZARDAS : **Luisa** (*Louise*); **Az èn uram vèn** (*Mon mari est vieux*); **Here tyütyü** (*Allons, en place !*); **Ferencz** (*François*); **Lâb alá** (*Levez les pieds !*)

COMITÉ FRANÇAIS
DE
SECOURS AUX INONDÉS DE SZEGEDIN

Grande Fête de l'Opéra

Donnée par le COMITÉ

Organisée par

LE FIGARO

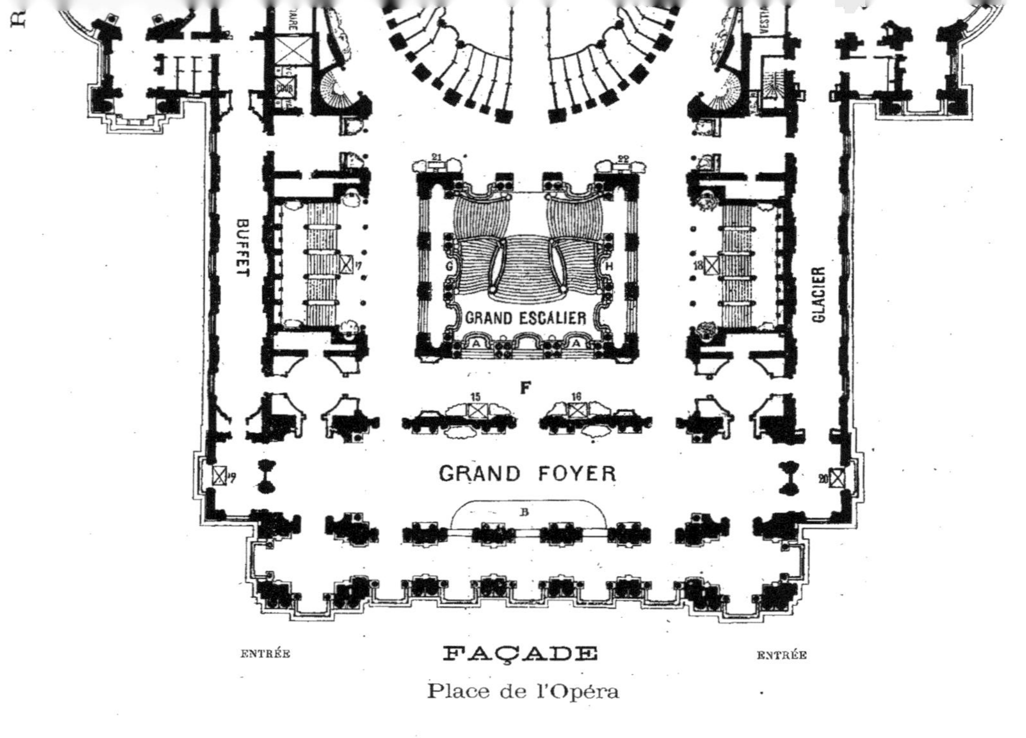

BUFFET
GLACIER
GRAND ESCALIER
G
H
A
A
F
15
16
GRAND FOYER
B
ENTRÉE
ENTRÉE
FAÇADE
Place de l'Opéra

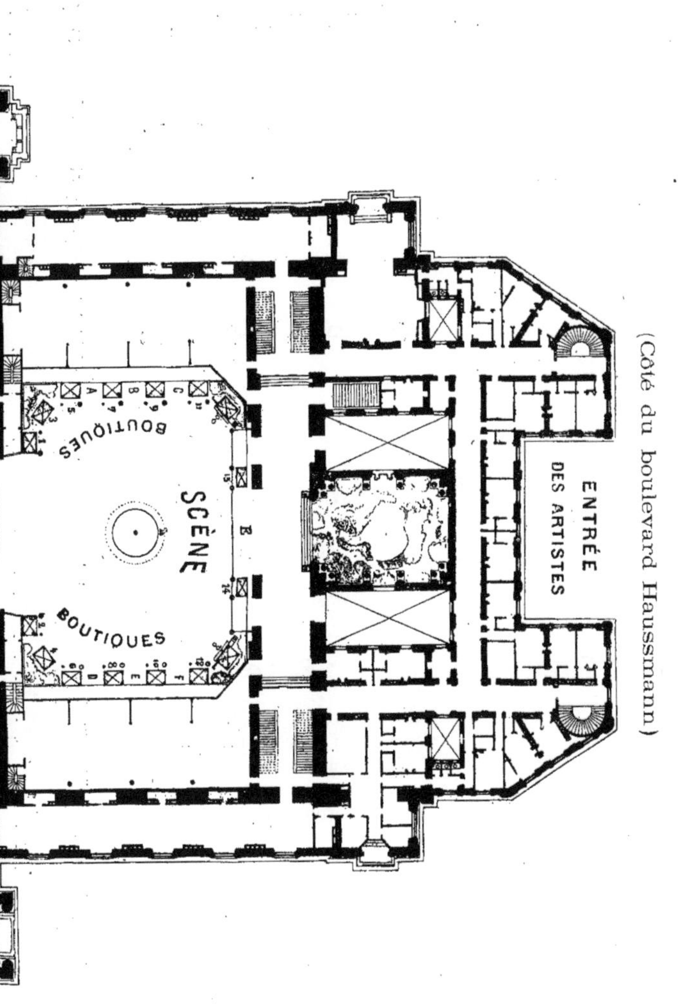
SCÈNE
BOUTIQUES
BOUTIQUES
ENTRÉE DES ARTISTES
(Côté du boulevard Haussmann)

Marchandes Ambulantes

Programmes

Mmes MARIE SCALINI, CLAIRE MICALI,
GENEVIÈVE DUPUIS, LÉA D'ASCO,
DAREINE, BERTHE BÉRENGER,
KOLB, MOINA CLÉMENT

Fleurs

Mme ANDRAL

Oranges

Mme LEBON

Sucres d'Orge

Mme PICOLO

Jeux Divers

A. Pesage . . . . DELTA
B. Billard Anglais . . . . . . { GIESZ / SCRIWANECK
C. Jeu Polonais . . . . HELMONT
D. Tête de Turc . . . . GRAVIER
E. Tir aux Macarons . . . . . DEBREUX
F. Toupie Hollandaise . . . . . ROSE MERYSS

Chevaux de bois

Mlles HENRIETTE BARETTI,
MARGUERITE BARETTI, HENRIOT

Joueurs d'Orgues

MM. COLOMBEY, LENORMANT

Phonographe

M. PUSKAS

Bars

Mlles LESAGE, ROSE LION,
SARAH RAMBERT, KOLB, KATE MUNROE,
MELCY, SUZANNE PIC, CHARTIER,
LINA HERMANN, DARVILLE, LOLLY,
SŒURS AIMÉE

Marchands de Coco

MM. GRIVOT, DENIZOT, ROCHE,
ALEXANDRE

FÊTE DE L'OPÉRA
AU
PROFIT DES INONDÉS
DE
ZEGEDIN
CH. CHÉGARAY. DEL.

Concert Tyrolien
RAINER

1. Marche des Chasseurs. (Chœur.)
2. « Zillerthal, tu es ma joie. » (Chant National.)
3. Duo : Le bonjour du matin, chanté par Mlles Nachtschatt et Pircher.
4. Le Tir à l'arquebuse. (Chœur.)
5. Une petite fleur et un cœur, pour Soprano avec Chœur.
6. « Il faut que je quitte mes montagnes, » Solo pour Ténor, par M. Brixner.
7. Conférence sur les instruments en bois et en paille, par F. Rainer.
8. A travers monts et vallées. (Chœur.)

ÉMILE WALDTEUFEL
Et son Orchestre

1. *Flots de Joie* . . . . ÉMILE WALDTEUFEL.
2. *Polka des Saltimbanques* . . . . L. GIRARD.
3. *Manolo* (valse) . . . . ÉMILE WALDTEUFEL.
4. *Stadt und Land* (mazurka) . . . . JOHANN STRAUSS.
5. *A Toi* (valse) . . . . ÉMILE WALDTEUFEL.
6. *Les Cloches de Corneville* (quadrille Raspail) . . . . R. PLANQUETTE.
7. *Les Violettes* (valse) . . . . ÉMILE WALDTEUFEL.
8. *Tandelei* (mazurka) . . . . JOHANN STRAUSS.
9. *Toujours ou Jamais* (valse) . . . . ÉMILE WALDTEUFEL.
10. *La Camargo* (quadrille) . . . . O. MÉTRA.
11. *Pomone* (valse) . . . . ÉMILE WALDTEUFEL.
12. *Bella Rocca* . . . . ÉMILE WALDTEUFEL.

LES HANLON-LEES

JONGLERIES, IMPROVISATIONS, *LE BARBIER DE VILLAGE* (Pantomime).

THOMAS HOLDEN ET SES FANTOCHES

Programme offert par l'Imprimerie Motteroz

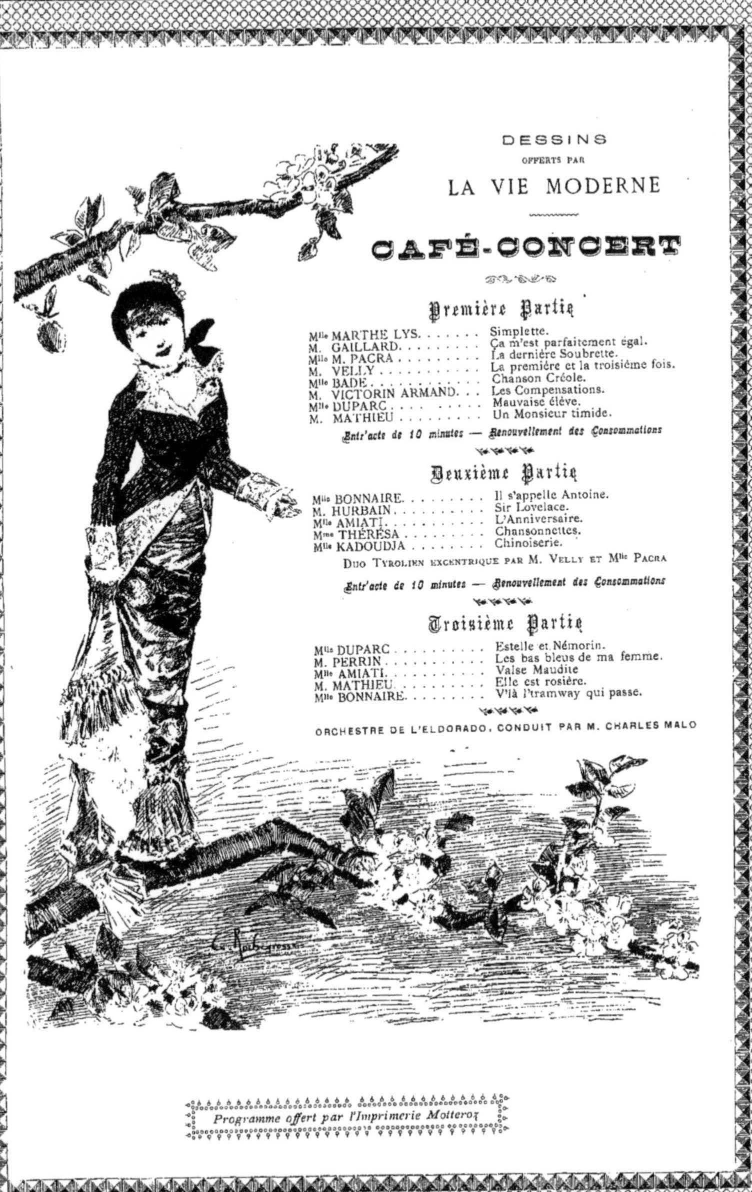

CAFÉ-CONCERT

Première Partie

Mlle MARTHE LYS.......	Simplette.
M. GAILLARD.......	Ça m'est parfaitement égal.
Mlle M. PACRA........	La dernière Soubrette.
M. VELLY...........	La première et la troisième fois.
Mlle BADE...........	Chanson Créole.
M. VICTORIN ARMAND...	Les Compensations.
Mlle DUPARC........	Mauvaise élève.
M. MATHIEU.........	Un Monsieur timide.

Entr'acte de 10 minutes — Renouvellement des Consommations

Deuxième Partie

Mlle BONNAIRE........	Il s'appelle Antoine.
M. HURBAIN........	Sir Lovelace.
Mlle AMIATI..........	L'Anniversaire.
Mme THÉRÉSA........	Chansonnettes.
Mlle KADOUDJA........	Chinoiserie.

DUO TYROLIEN EXCENTRIQUE PAR M. VELLY ET Mlle PACRA

Entr'acte de 10 minutes — Renouvellement des Consommations

Troisième Partie

Mlle DUPARC.........	Estelle et Némorin.
M. PERRIN..........	Les bas bleus de ma femme.
Mlle AMIATI..........	Valse Maudite
M. MATHIEU.........	Elle est rosière.
Mlle BONNAIRE........	V'là l'tramway qui passe.

ORCHESTRE DE L'ELDORADO, CONDUIT PAR M. CHARLES MALO

Programme offert par l'Imprimerie Moiterox

SAINARA
YEDDA
Ballet
P. Gille - A. Mortier
O METRA
YAMATO
Drame
MAEDA MASANA
KOSIKI
operette
OKOMA

GRAND FESTIVAL ET FÊTE DE NUIT

DONNÉS

Au Profit des Inondés de Szegedin

GRANDE PARADE DRAMATIQUE

Prestidigitation, Tours de Force et d'Adresse, Musique de l'Avenir, etc.

PAR LES

Artistes du Palais-Royal

Sous la Direction de M. LHÉRITIER

MM.	MONTBARS	Bouffe-la-Balle.
	DAUBRAY	Cabriolo.
	FUSIER	Le Fils Bosco.
	PLET	Le Décapité parlant.
	MILHER	1er Piston du Théâtre de Maubeuge.
	R. LUGUET	Jongleur du Canal de l'Ourcq.
	PELLERIN	Le Mari de la Mangeuse de Pigeons.
	RAYMOND	Frise-Poulet.
	NUMÈS	Clarinette malade.
	TERVIL	Musicien des Basses-Cours étrangères.
MM^{lles}	DEZODER	Le Pitre.
	FOSCA	La Mangeuse de Pigeons.
	ELLEN ANDRÉE	La Cigale.

www.ingramcontent.com/pod-product-compliance
Ingram Content Group UK Ltd.
Pitfield, Milton Keynes, MK11 3LW, UK
UKHW022235070726
13613UKWH00004B/1959